Der Venusinen-Reim

Auszug der Frau Venusine aus dem Hörselberg und Venusinens Abenteuer

Max Dauthendey

Impressum

Autor: Max Dauthendey
Umschlagkonzept: toepferschumann, Berlin

Verlag: tredition GmbH, Hamburg
ISBN: 978-3-8424-8912-7
Printed in Germany

Tucholsky Wagner Zola Scott Sydow Freud Schlegel
Turgenev Wallace Fonatne
Twain Walther von der Vogelweide Fouqué Friedrich II. von Preußen
Weber Freiligrath Frey
Fechner Kant Ernst Frommel
Fichte Weiße Rose von Fallersleben Richthofen
Hölderlin
Engels Fielding Eichendorff Tacitus Dumas
Fehrs Faber Flaubert
Eliasberg Ebner Eschenbach
Feuerbach Maximilian I. von Habsburg Fock Eliot Zweig
Ewald Vergil
Goethe Elisabeth von Österreich London
Mendelssohn Balzac Shakespeare
Lichtenberg Rathenau Dostojewski Ganghofer
Trackl Stevenson Doyle Gjellerup
Mommsen Tolstoi Hambruch
Thoma Lenz Hanrieder Droste-Hülshoff
Dach Verne von Arnim Hägele Hauff Humboldt
Reuter Hagen Hauptmann
Karrillon Garschin Rousseau Gautier
Damaschke Defoe Hebbel Baudelaire
Descartes
Hegel Kussmaul Herder
Wolfram von Eschenbach Schopenhauer
Darwin Dickens Rilke George
Bronner Melville Grimm Jerome
Campe Horváth Aristoteles Bebel Proust
Bismarck Vigny Barlach Voltaire Federer Herodot
Gengenbach Heine
Storm Casanova Tersteegen Gilm Grillparzer Georgy
Chamberlain Lessing Langbein Gryphius
Brentano Lafontaine
Strachwitz Claudius Schiller Kralik Iffland Sokrates
Katharina II. von Rußland Bellamy Schilling
Gerstäcker Raabe Gibbon Tschechow
Löns Hesse Hoffmann Gogol Wilde Gleim Vulpius
Luther Heym Hofmannsthal Klee Hölty Morgenstern
Roth Heyse Klopstock Kleist Goedicke
Luxemburg Puschkin Homer Mörike
La Roche Horaz Musil
Machiavelli Kierkegaard Kraft Kraus
Navarra Aurel Musset
Lamprecht Kind Kirchhoff Hugo Moltke
Nestroy Marie de France
Laotse Ipsen Liebknecht
Nietzsche Nansen
Marx Lassalle Gorki Klett Leibniz Ringelnatz
von Ossietzky May vom Stein Lawrence Irving
Petalozzi
Platon Knigge
Sachs Poe Pückler Michelangelo Kock Kafka
Liebermann Korolenko
de Sade Praetorius Mistral Zetkin

Text der Originalausgabe

Max Dauthendey

Der Venusinenreim

Auszug der Frau Venusine aus dem Hörselberg und Venusinens Abenteuer

Eine schalkhaft heroische Liebesmär in zwölf Reimen

1911

Leipzig

Ernst Rowohlt Verlag

Dieses Buch wurde in einer Subskriptionsauflage von 600 numerierten Exemplaren im Frühjahr 1911 von Poeschel & Trepte in Leipzig gedruckt. Dies ist Exemplar No. 96

Erster Reim

Venusinens Toilette, Schuhe, Korsette und Leberflecken

Prächtig sind die Tiere,
Die nichts sündig finden,
Leben ihrer Liebe,
Sterben und verschwinden.

Eitler doch als Pfauen
Sind die Menschenseelen
Und verbreiten Grauen.

Götterdämm'rung herrschte
Auf der Erde Trachten,
Denn die Götter konnten
Keinen Mensch mehr achten,

Hielten sich verborgen,
Nahmen mit die Freuden,
Seufzen blieb und Sorgen.

In dem Hörselberge
Saß Frau Venusine
Tausend Jahr in Tränen
Und mit müder Miene.

Endlich aber fühlte
Sie die Zeit gekommen,
Die die Nacht fortspülte.

Alte Sitt' und Weisen
Gehen dann in Sprüngen,
Wenn die Götter kreisen
Und sich selbst verjüngen.

Denn auch ihrer Dauer
Liegt der Tod am Wege,
Sitzt die Zeit als Mauer.

Blühend unter Schmerzen
Schrie Frau Venusine:
»Menschen, tote Tiere
Seid ihr ohne Minne!

Geist macht kaltes Dürsten.
Euch gilt heut die Liebe
Gleich den Pferdfleischwürsten.

Kindlich seid ihr Menschen,
Kindlich im Erfinden.
Denn ihr wollt die Liebe
Durch die Tinte binden.

Leidenschaften werden
Täglich unbequemer
Und gehaßt auf Erden.

Leidenschaftlich lobten
Mich einst frohe Heiden.
Freude sie verehrten,
Ihr verehrt nur *Leiden*.

Selbst könnt ihr euch fluchen,
Schon im Mutterleibe
Darf euch Fluch aufsuchen.

Habt gar viel erfunden.
Machtet selbst euch schlechter.
Habt die Sünd' erdichtet.
Ihr, des Lebens Aechter,

Wollt auch Schuld einimpfen
Schon den Embryonen,
Unschuld bös beschimpfen.

Aber neue Zeiten
Treten unter Waffen.
Frei will sich die Freude
Neu bei euch erschaffen.

Bös nicht und nicht besser
Gleich den anderen Tieren,
Seid ihr, Bratenfresser. –

Söhnchen Amor, höre:
Rot wie eine Hummer
Schießt Du Dich nur müde,
Machst die Pfeil' nur krummer.

Wirf ihn fort den Bogen!
Mit Maschingewehren
Komm vor's Herz gezogen.

Menschen tragen Panzer-
Platten unter Hemden,
Drunter da verlachen
Dich die Unverschämten.

Siehe, wie Verbannte
Lebten wir im Berge
Von der Welt Verkannte!

Laß uns unter Leute
In die Städte gehen!
Zu lang man sich scheute
Uns ins Aug zu sehen.

Immer nur in Träumen
Sangen wir verborgen
Und in Gartenbäumen.

Nur wie Duft der Blumen
Die zum Frühling kamen,

Gar zu zart und süßlich
Wir uns stets benahmen.

Offen will ich streiten,
Leibeslust will leben,
Zeit verschiebt die Zeiten!

Eckehardt, Getreuer,
Wächter vor dem Bösen,
Laß nach Tausend Jahren
Deine Wach ablösen!

Hast den Berg behütet
Tausend Jahr vor Argem,
Sei mit Huld vergütet!

Sei verjüngt, und folge
Ohne graue Falte
Uns hinaus zum Berge,
Laß im Berg das Alte!

Trage jungen Scheitel,
Laß die weißen Haare,
Und werd' etwas eitel.«

»Ja, wir wollen reisen«,
Sprach verjüngt der alte
Eckehardt, der Treue,
Mit der Denkerfalte.

»Herrin, der ich diene,
Viele Dich vergaßen,
Zeig Dich Venusine!

Auch der Barbarossa
Stieg schon vom Kyffhäuser.
Heute hinter Bergen
Wohnen nur Duckmäuser.

Deine roten Schleier
Lüfte Venusine,
Trag die Hüften freier!«

»Ja, getreuer Wächter,
Fest bin ich entschlossen,
Will zu Menschen gehen,
Die mich schwer verdrossen,

Die mich froh einst lobten
Und dann gegen alle
Fleischeslüste tobten.

Diese armen Menschen
Will ich jetzt beglücken.
Ohne Leibesliebe
Geht die Seel' in Stücken.

Ich will nicht mehr bangen
Vorm Verstand der Zwerge
Und vor seinen Zangen.

Will mal Rom aufsuchen,
Wo man mich verstoßen,
Wo man einst aus Wollust
Tötete mit Rosen.

Möglich, daß ich finde
Dort noch eine Größe,
Der ich mich verbinde.

Erst will ich mich kleiden
Gleich den Menschenfrauen,
Die heut in den Städten
In die Welt sich trauen.

Auch sind stolze Kleider,
Trotz der Götterwürde,
Keinem Weib zur Bürde.«

»Herrin Venusine,
Kleider, die verbergen
Mängel nur und reizen
Unter Menschenzwergen.«

So sprach wie die Alten
Eckehardt der Junge,
Konnt' den Mund nicht halten.

»Eckehardt, viel weiser
Hast Du sonst geraten.
Kleider sind die Sauce
Schmackhaft bei dem Braten.

Jederzeit bei Damen
Waren Kleider nötig,
Das gehört zum Rahmen.

In den Tausend Jahren,
Die ich hier versonnen
In dem Hörselberge,
Hab ich's ausgesponnen.

Ja, sogar das Schnüren
Soll die Venus leiden,
Gilt es zu verführen.

Enger sind nicht Kleider
Als die Einsamkeiten
In dem Hörselberge,
Die mir Qual bereiten.

Soll mal was geschehen,
Muß man nicht nur kritisch
Drauf herniedersehen.

Bringt mir alle Dinge,
Die ein Weib heut zieren!

Alles will ich tragen,
Nichts soll mich genieren.«

Zofe Melusine
Naht beim Wink der Wimper,
Dient mit kluger Miene.

Bringt zuerst die Schuhe,
Doch die haben Tücken.
Ach, von hundert Paaren
Will nicht Eines glücken.

Keines will recht sitzen.
Zof' und Göttin zerren,
Zof' und Göttin schwitzen.

Venus Füßen waren
Klein noch die Enormen,
Und man mußte extra
Neue Schuhe formen.

Füße leicht sich breiten,
Trug man nur Sandalen
Seit den Ewigkeiten.

Eckhardt konnt' die Trauer
Nicht gleich überwinden,
Als der Herrin Füße
In den Schuh'n verschwinden.

Nachdenklich im Gehen
Starrt' er sonst versunken
Auf der Göttin Zehen.

Konnt' sich dran durch Stunden
Wie an Röslein weiden,
Doch jetzt litt sein Auge
Hühneraugenleiden.

Stets doch blieb der Alte,
Eckehardt der Junge
Mit der Denkerfalte.

Melusine brachte
Spitzen aus den Städten,
Die auch höchste Damen
Gern getragen hätten.

Doch die seidnen Faden
Kitzeln sehr die Göttin,
Wie ein Nest von Maden.

Niemals man je besser
Eine Frau frisierte,
Als klein Amor selber
Die Mama toupierte.

Still hält sie ohn Klagen,
Trug bald Nadeln, Kämme
Und auch Haareinlagen.

Zofe Melusine
Schnürt sie auch ins nette
Fischgebeinte schlanke
Seidene Korsette.

Eckehardt erbittert
Flucht auf seidne Kerker,
Drin man sich vergittert.

»Herrin, Deine Brüste
Werden noch zwei Wunden
Hinterm Fischbeingitter
Lebst Du keine Stunden.«

Kaum hat er's gesprochen
Kracht schon das Korsette,
Hing geknickt zerbrochen.

Wie zwei Füllen sprangen
Venusinens Brüste
Bei dem ersten Atem
Durchs Gebeingerüste.

Auch ein neues Mieder
Tat nicht lange halten,
Leicht knickt sie es nieder.

Bis man ihr die Büste
Faßt in Draht und Banden,
Und die wilden Brüste
Sich gelähmt dreinfanden.

Strumpfband und auch Kragen,
Hutnadeln und Hüte
Lernte sie zu tragen.

Venusin studierte
Auch die Umgangsbücher,
Lernt mit Gabeln essen
Und braucht Taschentücher.

So ward sie zur Dame.
Göttin blieb sie trotzdem
Bei der Hemdabnahme.

Eins nur macht ihr Sorge:
Kaum ist sie entkleidet,
Seufzt sie, daß sie nirgends
Ach, an Fehlern leidet

Nirgends sitzt ein Flecken
Irgendwo am Leibe,
Nichts kann sie entdecken.

»Und ich will nicht besser
Als die Erdenfrauen

Mich in Männernähe
Fleckenlos getrauen.

Dieses wär wie Tadel
Schwachen Menschenkindern,
Und ich halt auf Adel.«

Doch die Zofe meinte:
»Göttin seid Ihr eben!
Göttern ist nicht zugleich
Menschliches gegeben.

Was sollten bezwecken,
Herrin Venusine,
Schwarze Leberflecken?«

»Wisse,« spricht die Göttin,
»Zu viel Reinheit blendet,
Daß das Alltagsauge
Sich dann abseits wendet.

Vor dem steifen Strauße
Tadelloser Lilien
Ist man nicht zu Hause.

Frauen geben Heimat
Abgehetzten Männern,
Die am Tage starten
Gleich den besten Rennern,

Die gern Hindernisse
Halszerbrechend nehmen
Und das Ungewisse.

Kommen solche müde
Abends von dem Traben,
Stört sie allzu Hohes,
Weil sie's Aug voll haben

Voll von Staub und Kohlen,
Sehen oft noch Ziffern,
Die sich überholen.

Eine kurze Spanne
Reicht die Nacht zum Morgen.
Dann pfeift die Maschine –
Feilschend kommen Sorgen.

In die kurze Spanne
Passen keine Götter,
Weib bin ich dem Manne.

Traulichkeit dient Männern
Mehr denn *Götterbilder*,
Ist dem Herz erquickend,
Stimmt den Körper milder.

Traulichkeit zu wecken
Will am Götterleibe
Ich die Leberflecken.

Eile Melusine,
Hol den Mediziner!
Er sei heut nicht Krankheits-
Sondern Schönheitsdiener.

Soll mir mit Lanzetten
Leberflecken impfen,
Von den braunen netten.«

»Schwerlich,« sagt die Zofe,
»Wird ein Arzt sich finden,
Weil die Luft im Berge
Menschen nicht verwinden.

Wer von all den kühlen,
Welche Leichen schneiden,
Wird nicht Venus fühlen?

Und dann muß er sterben,
Kann er nichts erreichen,
Würde er entlassen
Ohne Liebeszeichen,

Würde nie genesen,
Weil er hier im Berge
Ohne Luft gewesen.

Darum Herrin sage
Deine Wunschangaben!
Wo willst du die Flecken,
Die Verschämten haben?

Wie ich es dann mache,
Dir die Flecklein hole,
Sei dann meine Sache.«

»Kluge Melusine,«
Venusin errötet,
»Jegliche Sekunde
Wird ein Mensch getötet.

Stirbt er mal am Herzen,
Sind das auch bei Göttern
Einzig echte Schmerzen.

Wenn er mir gefiele,
Würd' ich ihn nicht schonen.
Aber sollt' er sterben,
Nur weil wir hier wohnen,

Weil die Luft im Berge
Schon den Tod kann bringen
Einem Menschenzwerge?!

Flott weg mal zu töten
Lieb ich sonst ohn' Maßen,

Heut' doch will ich Deinem
Rat mich überlassen.

Geh und bring die Flecken!
Wie Du sie willst bringen,
Kann ich nicht entdecken«.

Melusine kichert
Und ist schon verschwunden,
Hat verjüngt den Eckhardt
Unterm Tor gefunden.

Spricht: »Komm' auf ne Weile!
Kannst jetzt etwas lernen.
Schnell, ich habe Eile!

Sieh, ich will zum Arzte,
Und er soll mich impfen,
Daß uns nicht die Pocken
Einmal bös verglimpfen.

Ist die Impf geschehen,
Sollst Du's Venus tuen,
Komm' jetzt, sollst es sehen« ...

Venus fragt am Abend:
»Hast Du sie die Flecken?«
»Ja,« lacht Melusine,
»Kann sie nicht verstecken.

Ach, der Arzt nicht ruhte,
Nicht nur bei drei Orten,
Wühlte er im Blute.«

Venus, bei der Lampe,
Sieht voll Sommersprossen
Ihre hübsche Zofe,
Punkt an Punkt durchschossen.

Venus lacht mit Schallen:
»So gut hat dem Doktor
Jeder Fleck gefallen?

Daß er sich dann übte
Und Dich ganz besäte?
Ach, wenn ich von Deinen
Hundert einen hätte!«

Eckehardt, verständig,
Impft sie, – und im Berge
Lachte man unbändig.

Zweiter Reim

Venusinens Romfahrt im D-Zug mit den Bernhardinern

»Eckehardt, mein Lieber,
Liebst du nie das Fesche?
Schrecklich ist dein Wollkleid
Und die Jägerwäsche!

Trag doch nicht so lose,
Amor, lieber Junge,
Deinen Knopf der Hose!«

So sprach Venusine,
Als man in D-Zügen
Saß und nach Italien
Flog in Rasselflügen.

Aus dem Berge draußen
Hielt sie mehr als drinnen
Auf den Takt nach außen.

Aber nichts konnt' hindern,
Daß in frohen Stunden
Sie und ihr Gefolge,
Ganz kulturentbunden,

In die Lüfte wollten,
Aus den Fenstern flogen,
Hinter Wolken tollten.

Und im Zug bemerken
Manche Passagiere:
Im Maschinendampfe,
Nackt ein Weib spaziere.

Könnt' durch Lüfte jagen,
Mit dem Vollmond spielen,
Wald und Berge tragen. –

Saß da hübsch ein Bursche
In der ersten Klasse.
Halbtot war er leider,
Halb Tuberkelmasse.

Sollte nach dem Süden.
Ihn sah Venusine
Und behext den Müden.

Denkt: Sollst Dich nicht quälen
Hübschester Geselle?
Stehst mit einem Fuße
Auf der Beinhausschwelle.

Dir den Tod versüßen,
Soll mich heut zerstreuen,
Komm und laß dich küssen!

Leis spricht sie zu Amor:
»Liebstes Söhnchen, gehe,
Daß dem hübschen Menschen
Liebes bald geschehe!

Geh auf fester Sohle,
Dicht ihm an das Herze,
Setz' ihm die Pistole!«

Amor zielt voll Eifer,
Schießt auf Wunsch der Mutter,
Trifft den jungen Menschen
Durch das Westenfutter.

Doch, ach, nie bedachten
Götter fehllos handelnd,
Ob sie's richtig machten!

Kaum ging die Pistole
Los mit frohem Knalle,
Saß der kleine Amor
In der Mausefalle.

Denn der Herr springt pfauchend
Nach der Angstnotleine,
Böse Worte brauchend.

Schaffner und die Führer
Eilen an die Türen,
Und man will den Amor
Strafen mit Gebühren.

Nichts half, daß er meinte,
Er hab nicht getötet
Und wie Kinder weinte.

Jener hübsche Kranke
Flucht nach allen Noten:
»Schußwaffen zu tragen,«
Sagt er, »sei verboten.

Schwer kann man beweisen,
Ob sie blind geladen, –
Ich will friedlich reisen!«

Nichts auch wollten helfen
Venusinens Augen,
Und der Schaffner meinte,
Daß sie gar nichts taugen.

Menschen gut erzogen,
Wäre er der Ordnung
Halber mehr gewogen.

Strafgebühren zahlte
Venusin erschrocken.

Sucht nicht mehr mit Augen
Reisende zu locken.

In dem Mund, dem roten,
Knirschen ihre Zähne:
»Alles scheint verboten!«

Doch der hübsche Kranke
Muß sie starr besehen,
Rückt ihr leise näher,
Spricht: »Ich muß gestehen,

Wunderschöne Holde,
Daß ich lungenleidend
Und nicht kränken wollte.

Schmerzlich schön ist Ihre
Trauer um die Lippen.
Seh ich Damen leiden,
Muß mein Herz mir kippen.

Herrliche, erhöre!
Kannst Du mir verzeihen?
Sag' nicht, daß ich störe!«

Venus muß von Sinnen
Diesen Menschen wähnen.
Vorhin, als sie lachte,
Bracht' man sie zu Tränen.

Jetzt erst soll sie lieben,
Wo die Lust verschwunden,
Und das Leid geblieben.

Venus kann nicht finden,
Daß die Lust sie beizte
Jenen Herrn zu lieben,
Weil ihr Leid ihn reizte.

Dieser aber lachte
Über ihr Bedenken,
Weil er anders dachte.

Und er rückt ihr näher,
Ganz auf sie versessen,
Will die Göttin einfach
Um die Taille pressen.

Gute Miene machend,
Denkt die Göttin scherzend:
Ich nehm Alles lachend.

Zum Sankt Gotthard eben
Dampft der Zug von Fluelen
Höher in die Lüfte,
Die sich dünner fühlen.

Hohle Echos krachen,
Und die Tunnellöcher
Dampfen gleich den Rachen.

Hier im Schnee ward Mancher
Von Sankt Gotthards Hunden,
Denkt sich Venusine,
Liebend aufgefunden.

Ach, ein Hund wär heute
Ehrlicher dem Herzen,
Als im Zug die Leute.

Will mal hier als Göttin
Nach Belieben handeln,
Alle Herrn und Damen
Hündisch mal verwandeln.

Dieses soll mich rächen –
Zu viel ist verboten –
Lieb soll Fesseln brechen!

Seht, und in dem Zuge,
Kaum tat sie's bestellen,
Wurden Alle Hunde,
Grüßten sich mit Bellen.

Alles lief auf Vieren,
Wedelt, sich beriechend.
Keinen tut's genieren.

Eh noch zur Besinnung
Einer konnte kommen,
War ihm das Besinnen
Auch schon fortgenommen.

Bayern und Berliner,
Herren und auch Damen
Wurden Bernhardiner.

Alle diese Menschen,
Die verlogen schüchtern
Sich nach Liebe sehnten,
Fordern sie jetzt nüchtern.

Jenem Herrn von Allen,
Den das Leid nur reizte,
Will die Lust gefallen.

Sprang und leckt und wedelt
Hinter andern Hunden,
Hat in Lebensfrohsinn
Sich gar schnell gefunden.

Liebte Hundedamen,
Die sich unter Bellen
Schwanzwedelnd benahmen.

Das war ein Bespringen,
Selig ein Begatten!

Und man liebt vor Allen,
Die die Laufzeit hatten.

Schnell sich Alle kannten,
Und in allen Klassen
Ward man zu Verwandten.

Amor lag auf Kissen
Und muß göttlich lachen:
»Mama Venusine,
Du machst tolle Sachen!

Du erlöst die Leute
Auf besondre Weise!
Endlich liebt man heute!« –

Hell voll Glühlichtlampen
Eilen Luxuswagen,
Niemand ahnt von draußen,
Daß sie Hunde tragen.

Und der Gotthard lachte
Über Venusine,
Die das fertig brachte.

Als der Zug den letzten
Tunnel just passierte,
Lagen tausend kleine
Vögel, schneeverirrte,

Im Gefild, im kalten.
»Halt!« rief Venusine.
Und der Zug muß halten.

Alle Bernhardiner
Sind hinausbefohlen,
Und ein Jeder mußte
Von den Vögeln holen.

Und sie apportieren
Vorsichtig im Maule,
Vögel, die erfrieren.

In den warmen Wagen
Sind bald neugeboren
Diese. Und kaum lebend
Danken sie den Ohren.

Nachtigallen, Meisen
Danken Venusine,
Singend ihre Weisen.

Alle Vögel kannten
Gleich die Göttin wieder.
Auf dem Hörselberge
Lehrt' sie jährlich Lieder,

Jedem Männchen neue,
Daß der Wald erblühe
Und sich's Weibchen freue.

Auch die Hunde liegen
Horchend auf den Kissen.
Weil sie jetzt die Nähe
Einer Göttin wissen,

Zeigen sie die Spuren,
Heute überwundner,
Menschlicher Kulturen.

Nach Chiasso senken
Sich die Berggelände,
Hundertschluchtig grüßen
Dort Italiens Wände.

So kam Venusine
Zu des Südens Grenze,
Schalk in jeder Miene.

Dritter Reim

Venusinens nackter Spaziergang in Mailand und Flucht mit dem eisernen Reiter von Mailand

Venus kam zum Süden
Und verließ die Wagen,
Die sie unterhaltend
Mailand zugetragen.

Spät noch durch die Straßen
Ging sie durch den Regen,
Mußt' die Schlepp' hochfassen.

Eckehardt und Amor
Sahen unterdessen,
Wie die Bernhardiner,
Als ob nichts gewesen,

Wieder Menschen waren,
Tadellos in Haltung,
Mit frisierten Haaren.

Venusine machte
Mailand fast verlegen.
Müde tat die Dame
Still ihr Kleid ablegen.

Ganz als Göttin handelnd,
Unterm Schirme nackend,
Geht sie dort lustwandelnd.

Dunkelheit und Regen
Sind ihr sehr gewogen,
Haben undurchdringlich
Sie der Welt entzogen.

Einsam, ungesehen
Kann sie in den Straßen
Nackend sich ergehen.

Zu dem großen Dome
Kommt sie abends heiter.
Auf dem Platz, gußeisern,
Steht ein Standbildreiter.

Dieser möcht' sich rühren,
Zuckt in allen Nieten,
Venus zu entführen.

»Noch ist nicht die Stunde!«
Venus winkt hinüber,
Und die Liebessehnsucht
Geht ihm schwer vorüber.

»Erst,« ruft sie verstohlen,
»Muß ich hier noch spaßen,
Dann sollst du mich holen!«

Duft aus Venushaaren
Und von Venusbrüsten
Fühlten auf den Straßen
Alle, die gern küßten.

Ruchbar wird die Fährte
Einer Götterdame,
Die von höchstem Werte.

Und ganz Mailand mußte
Mit gehobnen Nasen
Venus Spur nachgehen,
Keiner konnt' sie fassen.

Stadtherr und auch Bauer
Rochen Feurigkeiten;
Alle fühlten Schauer.

Macht es der Schirokko,
Daß das Pflaster glühet?
Jeder zu erklären,
Sich erhitzend mühet.

Niemand kann es lösen.
Klärt sich's nicht im Guten,
Löst man es im Bösen.

An der Glaspassage
Stehen unter Hungern
Ein Paar arme Dirnen,
Brot sich zu erlungern.

»S'ist der Dirnen Rühren,«
Rufen Liebestolle,
»Das wir brennend spüren!«

Alle, die es sehen,
Wie die Dirnen leiden,
Alles spürt ein Hungern
In den Eingeweiden:

»Alle reichen Drohnen
Sollen heute teilen,
Die im Golde wohnen.

Stürmt! Sie sollen bluten!
Sengt und brennt mit Morden!
Wir, wir tragen Hunger
In der Brust als Orden.

Rottet Euch zusammen!
Werft sie wie die Ketzer
In des Hungers Flammen!«

Es beschwört die Hitze
Bilderspuk in Wüsten.

»Auf zum Paradiese!«
Schreit's aus dürren Brüsten.

Dürstend nicht nach Minne,
Morden sie mit Brennen, –
Blaß flieht Venusine.

Venusine schaudernd,
Funken in den Haaren,
Sieht die Stadt voll Wölfe
Und voll Raubtierscharen.

Menschen wie Hyänen
Über Leichen springen,
Blutdurst in den Zähnen.

Häuser rot wie Blumen
Schon voll Feuer glühen.
Venusine flüchtet
Nach dem Dom mit Mühen.

Erst beim Eisenreiter
In dem Eisensattel
Wird sie breit und heiter.

Dieser faßt sie zärtlich,
Kürzt des Pferdes Zügel.
Venusin umhalst ihn,
Er rückt fest im Bügel.

Setzt, – es ist 'ne Freude
Solchen Ritt zu sehen, –
Hoch aufs Domgebäude.

Als ob's Marmor regnet,
Steht in Zack und Strahlen
Mailands Dom auf Erden
Sehr zum Wohlgefallen.

Über Schnörkel, Spitzen
Sprengt der Reiter zierlich,
Ohne sich zu ritzen.

Oben angekommen
Auf der höchsten Platte,
Venusine wilde,
Blut'ge Tiefsicht hatte.

Rot voll Menschenmaden
Platzen die Paläste
Drunten wie Kaskaden.

»Ach,« rief Venusine,
»Lieber Eisenritter,
Minne wollt ich bringen,
Man versah sich bitter.

Seht, auch Mord will's geben!
Hunger ist die Allmacht
Nächst der Lieb im Leben.

Ihr allein von Allen
Konntet mich erspähen.
Euer Eisenauge
Kann im Dunkeln sehen.

Will auch nichts verschieben,
Drunten dieses Morden
Sei Musik beim Lieben!«

»Herrin Venusine,«
Sprach der Eisenreiter,
»Trag Euch gern durch Feuer,
Und trag Euch noch weiter.

Wollt Euch an mich schmiegen,
Mir die Lippen geben,
Könnt mich ganz verbiegen.

Wohl bin ich aus Eisen,
Bin nicht rostgefressen,
Nur beim Guß, o Herrin,
Hat man eins vergessen:

Man wollt' nicht markieren,
Daß ich männlich fühle,
Tat sich furchtbar zieren.

Meist bei Standesbildern,
Die zur Jetztzeit Mode,
Will man ganz vergessen,
Daß geliebt der Tote.

Seine Lebensstärke
Darf kein Weib erhitzen.
Falsch geht man zu Werke.«

Traurig kommt die Frage
Göttin Venusinen:
Wozu Standesbilder
Sonst auf Plätzen dienen?

Wenn sie Männlichkeiten
Ganz geschlechtlos zeigen
Und verflacht den Zeiten?

Schmach erfüllt den Ritter,
Der im Leben bieder
Gern die Frauen herzte.
Leere drückt ihn nieder,

Nichts dünkt ihm mehr munter.
Venus bleibt im Sattel,
Er stürzt sich hinunter.

Venus schließt die Augen,
Gibt dem Gaule Flügel.

Tauscht mit Mailands Mauern
Romas sieben Hügel.

Früh sieht sie vom Pferde
Schon Sankt Peters Kuppel
Und der Dächer Herde.

Wo sie einst Verehrung
Fand in allen Tönen,
Hofft sie mit den Menschen
Endliches Versöhnen.

Sie kann kaum noch danken,
Ihrem Eisenhengste
Schmelzen schon die Flanken.

Wiehernd kann er sprechen,
Fleht und wünscht zum Lohne,
Daß er Mensch jetzt würde
Und in Häusern wohne.

»Ach, ich muß besorgen,
Du wirst gern mal wieder,
Dich als Pferd verborgen.

Mensch«, spricht Venusine,
»Dies zu sein, erlaube,
Lohnt sich am geringsten
Heutzutage, glaube!«

Doch er tat beharren, –
Da macht Venusine
Zweifüßig den Narren.

Hoch tat er stolzieren
Dieser Gaul vor Allen,-
Tat als Mensch gar eitel
Sich im Herz gefallen,

Trug 'ne Reisemütze,
Spiegelt seine Neuheit
Gern in jede Pfütze.

»Höre,« spricht die Göttin,
»Wird es Dir zum Bösen,
Daß du Mensch geworden,
Kann es Dich erlösen:

Grüßt Du eine Stute,
Macht sie Dich zum Hengste,
Frei vom Menschenblute.

Wirst wie einst die Eltern,
Gehst auf Deinen Hufen,
Bist ein Pferd wie jene,
Die Dich einst erschufen.

Troll jetzt Deiner Straßen!
Hätt zum Dank Dich lieber
Gleich als Pferd belassen.«

Venusine eilet,
Daß sie ihm entschwindet.
An dem Hauptbahnhofe
Sie's Gefolge findet.

Amor unter Küssen,
Edkehardt in Sorgen,
Kommen sie zu grüßen.

Vierter Reim

Venusine in Rom auf dem Monte Pincio zum Korso und als Königin unter römischen Dirnen

Monte Pincios Garten
Knirscht auf allen Wegen,
Wenn zur Korsostunde
Sich die Wagen regen.

Alle Staatskarossen
Tragen Römerinnen
Wie aus Gold gegossen.

Auf dem Petersdome
Lagen Abendfeuer.
Abendrosen hingen
Über Roms Gemäuer.

Venus nahte lächelnd,
Bettlerinnen ähnlich
Mit der Schürze fächelnd.

Stieg zu Pincio's Garten
Einsam ohne Wagen,
Wollte allem Prunke
Einfach heut entsagen.

Geht im Bauernkleide
Zwischen den Karossen,
Wie ein Weib der Heide.

Palmen und die Blumen,
Sie sogleich erkennen,
Möchten mit Gerüchen
Ihren Namen nennen.

Venus lächelt eigen,
Und die scheuen Blumen
Schließen sich und schweigen.

Auch die Instrumente
Der Musikkapelle
Fühlen Venusine,
Werden sanft zur Quelle

Heißer Harmonien,
Die nie Noten finden
Und das Blut durchziehen.

In dem Volksgedränge
Zwischen Marmorbänken
Steht da jung ein Jüngling,
Den noch Menschen kränken,

Lehnt da leidversunken
Am Zypressenbaume,
Fühlt sich weltalltrunken.

Venus riecht das Schwitzen
Dieses Enthusiasten,
Sieht den grauen Kragen
Unterm Schädelkasten,

Fühlt auch Todesschauer,
Als er zu ihr sagte:
»Ich bin ein – Bildhauer.

Du mußt mit mir gehen!
Will dich nicht berühren,
Nur die Nähe meines
Ideales spüren.

Hab Dich gleich empfunden –
Zahl' für Aktmodelle
Lire drei die Stunden.«

Venus unumwunden
Sagt's heraus dem Knaben:
Für Anschauungsstunden
Sei sie nicht zu haben.

Wer nur in den Augen,
Sonst nicht heißer werde,
Könnte ihr nicht taugen.

Doch der Jüngling altklug
Sagt: »Ihr feile Holde,
Schielt nur nach den Reichen!
Unglück hängt am Golde.

Gold sollt man begraben,
Weil, ach! die Dukaten
Keine Seele haben.

Reichtum ist Langweile,
Könnt mir pünktlich glauben!
Wollte Venus allen
Reichen hier erlauben,

Daß mal Alle sollten,
Die zu Wagen kommen,
Tuen, was sie wollten, –

Ach, wie wenig Wünsche
Lägen hier verborgen!
Meistens wären's Seufzer
Aus der Lust nach Sorgen.

Nicht zwei sich gehörten,«
Schrie der Jüngling lauter,
»Alle nur sich störten!«

Venus lacht: »Ihr glaubet,
Daß dann nur die Pferde

Offne Liebe zeigten
Mit Geschlechtsgebärde,

Damen und die Herren
Und die Grooms und Diener
Nur den Mund aufsperren?

Herrlein, strebt doch lieber
Erst mal Gold zu haben,
Ehe Ihr Verwünschung
Ausstoßt wie die Knaben!

Glaubt mir: all die Reichen
Sind nicht blaß vom Schlafen,
Auch die Lieb' macht bleichen.

Fruchtbar von dem Golde
Leben alle Sinne.
Armut darf sie dulden,
Reichtum nährt die Minne.

Und der Seele Leiden
Und des Leibes Schmerzen
Wohnen bei den Beiden.«

Staunend horcht der Jüngling
Auf die Bauerndirne,
Die ihm überlegen
Stark an Herz und Stirne.

Ihm beginnt zu zahnen
Weisheit und Vertrauen,
Er tut Weltlust ahnen.

Venus läßt ihn stehen,
Wendet sich zu Gassen,
Wo in hohlen Häusern
Feile Dirnen saßen.

Tritt in einen Garten,
Gleich des Königs Gattin,
Daß die Dirnen starrten.

Amor macht den Pagen,
Eckehardt den Knappen,
Tragen auf den Fräcken
Stolz des Königs Wappen.

Und als Königine
Setzt sich zu den Dirnen
Huldvoll Venusine.

Spricht: »Ich nenn euch Schwestern!
Seht: hier Pag' und Knappen
Bringen neue Kleider,
Legt jetzt ab die Lappen!

In dem Festgewande
Dürft ihr festlich minnen,
Frei von Spott und Schande.

Und in jedem Kleide
Liegt die Kunst zu minnen.
Lieder könnt ihr singen,
Besser tanzen drinnen.

Und ein jedes Mieder,
Das ich euch hier schenke,
Gibt euch keusche Glieder.«

Alle Dirnen staunen --
Venus spricht nichts weiter –
Kleidet jede Dirne.
Alle werden heiter.

Die verloren saßen
Ziehen wie Prinzessen
Zierlich auf die Straßen.

»Sollt' euch was passieren,«
Spricht die Königine,
»Ruft das eine Wörtlein
Laut aus: Venusine!

Alle Dirnen strahlen,
Daß des Königs Gattin
Sie erlöst aus Qualen.

Ach, die hohe Freude
Könnt nicht lange währen,
Denn die Ehefrauen
Wurden fast Megären.

Keine könnt mehr ruhen,
Ohnmacht kam nach Ohnmacht,
Gab dem Mann zu tuen.

Denn so lang in Straßen
Zierlich sich benahmen
Schandefrei die Dirnen,
Fielen um die Damen.

Keine wollt erwachen,
Und die Männer mußten
Krankenwärter machen.

Um die Mittnacht riefen
Mit betrübter Miene
All die Straßendirnen
Herzhaft: »Venusine!«

S'fielen ab die Kleider,
Und aufs Neu in Lappen
Sahen sie sich leider.

Wieder frech in Farben
Sie durch Straßen liefen,

Daß die Ehefrauen
Eifersuchtlos schliefen.

Frechheit sich bemühte
Statt der Grazie wieder,
Unds Geschäft, das blühte.

Fünfter Reim

Venusinens Nachtabenteuer im Kolosseum bei der Katze Schmeichelspeichel und im Palatinum erste Umarmung mit dem Teufel

Spät im Mondscheintaumel
Wandelt Venusine
Durch des Kolosseums
Alte Prachtruine,

Geht durch Mondscheinflecken
Über Steinkadaver,
Die voll Zeiten stecken.

In der Kaiserloge,
Wo einst Neros Tatze
Auf der Brüstung spielte,
Saß da eine Katze.

Sie war vor Jahrtausend
Stolz in Rom Hetäre, –
Heute Mäuse mausend.

Venus sie zu kosen
Streichelt ihren Rücken.
Doch wer kannte jemals
Aller Katzen Tücken!

Pfauchend bös in Miene
Beißt die Katz den Daumen
Ab der Venusine.

Wüchs er nicht der Göttin
Neu nach kurzer Weile,
Wär' sie nicht mehr Venus
Gleich nach dieser Zeile.

Doch er wuchs ihr wieder, –
Staunend drückt die Katze
Zu die Augenlider. –

»Sag was dich so kränkte
Daß Du mich gebissen?«
Fragte Venusine
Jene aufs Gewissen.

Diese nur miaute
Und sich als Hetäre
Nicht sofort vertraute.

Denn die Katze fürchtet
Nichts so sehr auf Erden,
Als heut unter Menschen
Nochmals Mensch zu werden.

Schwieg darum verlegen,
Ließ sich nur mit Mühe
Zu der Red' bewegen.

»Schmeichelspeichel heiße
Heut' ich unter Katzen.
Wohn' im Kollosseum,
Wo mich Mäuslein atzen.

Mäuslein sind wie Christen,
Die schon vor dem Tode
Dunkelleben fristen.

Saß im Kolosseum.
War – ich darf mir's trauen,
Heut noch laut zu sagen –
Göttin unter Frauen.

Nero selbst, der Kaiser,
Sprach bei meinem Eintritt
In die Loge leiser.

Einen jungen Tiger
Hatt' ich aufgezogen.
Diesem Tiere war ich
Inbrünstig gewogen.

Niemand ich mehr brauchte,
Sprang er auf mein Lager,
Und sein Zunglapp rauchte.

Bei den Venusspielen,
Wo man auch auf Frauen
Geile Tiere hetzte,
Wollt der Kaiser schauen

Meinen jungen Tiger
Über alle Bestien
Als des Tages Sieger.

Herrlich war die Hitze,
Wie mein Tiger tötet'
Bären und die Löwen
Und mit Blut sich rötet.

Doch die Jungfrau'n rührte
Er nicht an am Kleide,
Weil sein Herz mich spürte.

Wohl gab's leises Murren,
Als er sich nicht regte,
Ohne Liebesregung
In die Sonn' sich legte,

Und die Jungfrau'n schonte,
Auf zur Loge blinzelt,
Wo ich Beifall lohnte.

Wenn ein Tier nicht hörte,
Mußt' man's töten lassen.

Niemand dachte diesmal
Den Entschluß zu fassen.

Alles klatscht aufs Neue,
Lacht nach meiner Loge,
Gratuliert zur Treue.

Nur der Sitte wegen
Sprangen Gladiatoren
Hin zu meinem Tiger,
Faßten seine Ohren.

Schauten nach der Mitte
Auf die Kaiserloge,
Denn auch das war Sitte.

Hob sich Nero's Daumen,
Hieß das: laßt ihn leben!
Senkt' er ihn, so konnte
Man den Tod gleich geben.

Doch auch Vesta's Frauen
Hattens Recht der Daumen –
Nie war dort zu trauen.

Nero hebt den Daumen
Und entläßt den Tiger.
Beifall brüllts Gebäude
Meinem flotten Sieger.

Doch ich mit Erbleichen
Seh': die Priesterinnen
Gebens Todeszeichen, –

Senken ihre Daumen, –
Und die Schwerter blinken.
Wie ein Lamm so schuldlos
Mußt' mein Tiger sinken.

Einen Schrei zerknicke
Ich im Halse, stürze,
Brech' mir das Genicke.

Kann's noch nicht vertragen,
Heut nach Tausend Jahren:
Fühl' ich einen *Daumen* Über meinen Haaren,

Weckt mich Brunst zum Tiger,
Den ich einst umhalste, –
Ewig bleibt er Sieger.«

»Schmeichelspeichel, höre:
Trugst Du niemals wieder
Seit den Heidenzeiten
Neue Menschenglieder?

Dieses möcht' ich fragen,
Wenn Erinnerungen
Deine Ruh nicht plagen?«

»Ach, die neuen Zeiten,«
Sprach gedehnt die Katze,
Und sie schnitt zum Monde
Spuckend eine Fratze,

»Sind nicht das auf Erden.
War noch einmal Menschin,
Möcht's nicht nochmals werden.

Saß in Hintergassen,
Nicht mehr in Palästen.
Sittenpolizisten
Jetzt die Luft verpesten.

Und die Lieb' konnt' nimmer
Niemals richtig blühen,
Ängstlich war man immer.

Niedrig war mein Wirken.
Darf der Mensch nicht lieben
Frei wie Pflanz und Tiere,
Lebt das Blut gleich Dieben.

Und ich stahl mir Leben,
Wie und wo ich konnte;
Eckel saß daneben.

Eckel vor den Menschen
Hat mich nicht verlassen,
Die den Leib, der liebte,
Spotteten und hassen.

Leidenschaft tat fehlen.
Heut die ärmsten Leute
Brüsten sich mit Seelen.

Konnte nie mehr lieben.
Unter meinen Gästen
War ein Offizierlein,
Einer von den Besten.

Ohne mir's zu sagen,
Tat er'n Abschied nehmen --
Konnt' mich doch erst fragen.

Kommt da eines Abends
Ohne Epauletten,
War Zivil geworden, –
Nichts war mehr zu retten.

Sagte: *meinetwegen*,
Daß sein Weib ich würde,
Schied er von dem Degen.

Nichts war mehr am Menschen,
Als er seine Seele

Ohne Schneid und Degen
Anbot mit Gequäle.

Kannte nie die Frauen,
Die erst auf die *Haltung* Dann auf *Treue* schauen.

Hat sich auch erschossen –
Gleich sind sie beim Tode –
Flüchten in die Gräber.
Allgemein ist's Mode.

Früher nur die Schlemmer
Gift zum Nachtisch nahmen –
Jetzt tut's jeder Krämer.«

Venus hört nicht länger,
Was die Katze wußte,
Weil ihr Ohr in Spannung
Anderm lauschen mußte.

Durch die Nacht drang Schreien
Nah vom Palatinum,
Wie ein Kampf von Zweien.

Eine Mädchenstimme,
Eines Mannes Toben,
Und die Sterne zittern
In dem Himmel oben.

Scheu durch die Ruinen
Flieht die Römerkatze
Fort von Venusinen.

Alle Quadern kriegen
Menschliche Gesichter,
Und sie alle rücken
Unterm Moose dichter.

Venusine ahnte,
Daß sich dort ein dunkel
Schicksal Wege bahnte.

Mond hing wie die Perlen,
Welche Tränen bringen,
Überm Sack des Dunkels,
Drinnen Schreie ringen.

Venus eilte schneller
Zum Palatiumhügel,
Der ein Haufen Keller.

Fiebrig stinkt dort Erde
Unter Mosaiken,
Die wie bunte Augen
Toter Freude blicken.

Wo einst Duft von Ölen
Und von Narden rauchte,
Stehn verpestet Höhlen.

Venus sucht und findet
Nur vom Kampf die Schreie.
Selbst dem Götterauge
Unsichtbar sind *Zweie*.

Unsichtbar ohn' Zweifel
Kämpfen, denkt die Venus,
Psyche hier und *Teufel*.

Jeder Gott auf Erden
Und auch Götterfrauen
Können Unsichtbarstes,
Sichtbar machend, schauen.

Psyche nur verschwindet,
Ebenso der Teufel,
Der sich ehrlich schindet.

Psyche ist zu eitel,
Um sich je zu zeigen.
Teufel ist bescheiden
Und von jeher eigen.

Über ihr Bestehen
Oft die Götter zweifeln,
Keins hat sie gesehen.

Venus sucht und findet,
Wo der Kampf statthatte,
Von der armen Psyche
Was vom Feigenblatte.

Und auf einem Sockel
Lag vom Teufel schneidig,
Heil auch, das Monokel.

»Fräulein!« schrie der Teufel,
»Anstand hatt' ich leider.
Trug zum Stelldicheine
Strikt hier meine Kleider.

Wenn sie ohne gehen,
Weckt das meine Wollust –
Was sollt' sonst geschehen?«

Darauf schrie die Psyche:
»Alles ist gelogen!
Hab mich für die Schönheit
Einzig ausgezogen.

Sie sind eben wilder,
Leben nur dem Fleische,
Nicht für Kunst und Bilder.«

»Teufel!« schrie der Teufel,
»Wenn Sie mich doch kennen,

Wundert's mich im Stillen,
Daß Sie nach mir rennen!«

»Bin ich Kuh mit Eutern
Die man packt?« schrie Psyche.
»Nur *Dich* wollt' ich läutern!«

»Nun von Ihren Eutern
War nicht viel zu merken.
Nicht mal eine Fliege
Könnte sich dran stärken.

Schönheit soll nicht leiden:
Werde mich jetzt läutern
Und mich auch entkleiden.

Wenn die Damen nackend
Für die Kunst einstehen,
Warum sollen Männer
Häßlichkeit begehen?

Männerbrust und Nacken
Können auch erbauen. –
Soll ich mehr auspacken?«

Keine Worte darauf
Von der Psyche lauten.
Heimlich ist sie worden,
Nur die Tränen tauten.

Dies der Venus wegen,
Die sie jetzt entdeckte:
Die macht sie verlegen.

Venus hat den Teufel
Endlich hier gefunden.
Psyche wollt's verhindern
Seit Millionen Stunden.

Psyche ward es inne:
In die offnen Arme
Flog ihm Venusine.

Als er'n Rock ablegte,
Konnt ihn Venus sehen.
Herrlich tat der Nackte
Auf Ruinen stehen,

Nackend im Palaste,
Wo er gleich den Göttern
Vor Jahrtausend' praßte.

Psyche seufzt zum Monde,
Der sie zu sich holte,
Kam nie mehr zur Erde,
Weil sie nicht mehr wollte.

Doch an Venusine
Freute sich der Teufel
Mit entzückter Miene.

Sechster Reim

Venusine wird Frau eines Sergeanten wobei sie sich töten, begraben läßt und aufersteht

Venus wandelt nächtlich
Draußen bei Kasernen,
Dirnenhaft gekleidet,
Unter den Laternen.

Fähnrich und Sergeanten
Sich mit Säbelrasseln
Fleißig nach ihr wandten.

Und bald folgt ihr Einer
In die Seitengassen,
Drückt ihr fest die Hüften,
Kann sie nicht mehr lassen.

Venus war nicht böse,
Freut sich seiner Hände
Und des Schnurrbarts Größe.

Ehrlich sind Soldaten,
Weil sie gradaus lieben,
Deshalb ist die Venus
Auch bei ihm geblieben,

Tat mit Lust sich schenken
Jede Nacht von Neuem,
Ohne jed' Bedenken.

Der Sergeant bald sagte:
Nie mehr wollt er scheiden.
Heirat wär das Beste
Zwischen ihnen beiden.

Venus, unter Lachen,
Freut sich seiner Treue
Und tat Hochzeit machen.

Beim Kasernenhofe
öffnet Venusine,
Als die Frau Sergeantin,
Eine Schnapskantine

Und lebt ohne Wolke
Lustig so drei Tage
Beim Soldatenvolke.

An dem dritten Abend
Macht, zur Mittnachtstunde,
Der Sergeant im Hause
Noch einmal die Runde,

Als er in den Kellern
Gläserklingen hörte
Und Geräusch von Tellern.

»Venusine!« rief er,
Ist ans Bett geschlichen.
Doch das Bett stand einsam
Venus war entwichen.

Der Sergeant, der blasse,
Eilt und sieht im Keller
Zwei bei einem Fasse.

Eine Kerze brannte.
Venus saß im Schooße
Einem Mann. Sie tranken.
Er war ohne Hose,

Ohne West' und Kleider.
Der Sergeant, er stolpert
Und verrät sich leider.

Fluchend richtet er sich
Wieder auf die Beine.
Da stand Venus vor ihm
Lächelnd und alleine,

Ihr Besuch verschwunden. –
Nur der Teufel hatte
So schnell fortgefunden.

»Stirb!« schrie ohn' Besinnen
Der Sergeant betrogen.
Und er hat den Säbel
Wütend blank gezogen.

Venus, immer lächelnd,
Lächelt unerschrocken,
Mit dem Hemd sich fächelnd.

Der Soldat verwundert
Läßt den Säbel sinken,
Weil der Venus Reize
Unterm Hemd ihm winken.

Doch nicht gleich zu Willen
Ist er heut der Dame,
Stürzt erst fort im Stillen.

Schließt sie ein im Keller
Und läßt Venus warten.
Gräbt ein Loch im Dunkeln
Draußen in dem Garten,

Schlägt ein Kreuz darüber –
Und geht dann von Neuem
Zu der Liebe über.

Hebt sie auf die Arme,
Wirft sie auf ihr Lager.

Liebt sie wild inbrünstig,
Sein Gesicht wird hager,

Blutleer seine Miene.
Leib an Leib im Lieben
Würgt er Venusine.

Als ihr Leib sich streckte
In der Todesstarre,
Schneidet er ein Löckchen
Noch von ihrem Haare,

Trug sie dann zum Garten,
Wo die Hände zärtlich
In die Erd' sie scharrten.

Tiefe Trauer zeigt er,
Doch zeigt keine Reue,
Legt sich auf sein Lager
Und schläft ein aufs Neue.

Venus aber, lächelnd,
Ist zurückgekommen,
Wieder hemdenfächelnd,

Legt sich ihm zur Seite,
Sprach: »Du hast gelitten,
Männlich Dich benommen!
Will dich darum bitten:

Diesen Leib, den schenke
Ich Dir lebend wieder, –
Ewig an mich denke!«

Und sie läßt zur Seite
Eine Frau ihm liegen,
Schön, wie sie die Menschen
Nie auf Erden kriegen,

Gleich dem Venusbilde, –
Macht die Nacht vergessen
Und verläßt ihn milde.

Siebenter Reim

Venusinens Morgenspaziergang auf der Via Appia unter unschuldigen Gräberbewohnern

Auf der Appiastraße,
Wo die Grabruinen
Manchen armen Leuten
Als Behausung dienen –

Und das Gras, als Futter
Ihren Ziegenherden, –
Lebten Sohn und Mutter.

Auf dem Grabhauf steckten,
Gleich wie ein Paar Ohren,
Ein Paar Fensterläden.
In zwei Eisenrohren

Und in den Zypressen
Sang nachts der Schirokko
Wie in Feueressen.

Sohn und Mutter liebten
Sich wie Ehegatten.
Nie des Sohnes Lippen
Je geküßt sonst hatten.

Eifersüchtig wachte
Über ihn die Mutter,
Nur an sie er dachte.

Saß er bei den Herden,
Fuhren reiche Fremde
Oft an ihm vorüber.
Er in Hos' und Hemde

Hat sie nie beneidet,
Denn wer liebt, vor Allem
Niemals Mangel leidet.

Prachtvoll war die Mutter,
Konnt' sich lassen sehen.
Doch auch sie tat niemals
Unter Menschen gehen.

Lebte bei den Toten,
Die verbotner Liebe
Straflos Obdach boten.

Doch nicht so die Menschen,
Die in Nachbargräbern.
Machten sich zu Rächern
Und zu Schandangebern.

Einer sprach zum Andern:
Sohn und Mutter müßten
Ins Gefängnis wandern.

Doch die Mutter holte,
Ums Gerücht zu stillen,
Eine Frau dem Sohne
Gegen beider Willen.

Und sie riet ihm düster:
»Nimm das Weib, denn schweigen
Muß jetzt das Geflüster!

Bleibst mir trotzdem weiter
Herz- und Bettgenosse.
Größer wächst nur immer
Meine Lieb, die große.

Laß die Menschen neiden!
Köstlich im Geheimen
Schmeckt die Lust uns beiden.«

Eifersucht kommt früher,
Als man glaubt gekrochen.
Härter als Gedanken
Sind des Fleisches Knochen.

Zu dem jungen Weibe
Fühlte bald die Mutter
Haß im ganzen Leibe.

Und sie wollte gehen,
Wollt' den Schn verlassen.
Da begann auch dieser
Still sein Weib zu hassen.

Mocht sie nicht mehr rühren.
Schrie: eh' woll' er sterben,
Als dies Weib noch spüren.

»Glücklich war man früher.
Pfeifend bei den Herden
Lag ich, wie die Sonne,
Leidlos auf der Erden.

Mutter, zum Verderben
Ward's Gered' der Leute!
Mutter, ich will sterben!«

»Sohn, Dein Bett auf Erden
Muß auf Gräbern stehen!
Willst nach Rom du schauen,
Mußt durch Gräber sehen.

Sollst mir niemals sterben!
Doch Dein Weib im Hause
Lebt uns zum Verderben.«

In der Nacht da scharrten
Sohn und Mutter, beide,

Schweigend eine Grube
In der nahen Heide.

Legten jene nieder,
Die sie leicht erschlagen –
Und sind glücklich wieder.

Keiner hat's gesehen,
Und doch ist ein Deuten
Bald nach ihrem Hause
Unter Nachbarsleuten.

Stets man lauter munkelt,
Und die Lust zu köpfen
Aus den Augen funkelt.

Doch die Mutter fürchtet
Nicht mehr das Gelichter.
Stolz legt sie zum Sohne
In der Nacht sich dichter.

Ruft: »Wenn all' doch wüßten:
Kein Gesetz der Erde
Reißt die Lieb aus Brüsten!«

Und bald holt man Beide
Aus dem Bett im Grabe.
»Richter!« sprach die Mutter,
»Meine einz'ge Habe

War die Lieb' zum Sohne,
Dem ich Weib gewesen; –
Den Geliebten schone!

Ja, ich hab gemordet,
Denn ich wollte lieben.
Jedem steht sein eigen
Schicksal vorgeschrieben.

Furchtbar ist das meine.
Die Natur schafft Lüste, –
Das Gesetz kennt keine.

Und die Urteil' töten
Leichter als die Hände.
Dem Gesetzbuchstaben
Ich mein Blut verpfände.

Schont den Sohn des Leibes!
Hört die Stimme einer
Mutter – und des Weibes!«

Doch das Urteil zeigte
Vorerst kein Erbarmen.
Vom Schaffott empfangen
Und von Henkersarmen

Dort erst, am Gerüste,
Kam dem Sohn die Gnade; –
Nur die Mutter büßte.

Lächeln auf den Lippen
Ging sie hin zum Beile.
Süß schien ihr das Leben
Noch die kurze Weile.

Hab geliebt, genossen –
Dacht' sie, »und kann sterben.
– Hat ihr Aug geschlossen ...

Wenig Jahre später
Auf der heißen Heide,
Trieb der Sohn die Ziegen
Wie zuvor zur Weide.

Hat es fast vergessen
Mord und Todesurteil,
Als wär nichts gewesen.

Just an jenem Tage,
Da mit Sonntagmiene
Aus dem Appiatore
Wandelt Venusine,

Nahm der Bursch ein Bräutchen.
Wieder zwischen Gräbern
Liebten sich zwei Leutchen.

Amor zeigt es Venus
Auf den Zehenspitzen,
Daß in einem Grabturm
Junge Leutchen sitzen,

Die sich erst gefunden,
Sich im Schoße liegen
Ohne Zeit und Stunden.

Ein Leib stillt dem Andern
Brünstig die Gelüste.
Sie beißt seinen Nacken,
Er beißt ihre Brüste.

Kühl im Grab sie liegen,
Draußen in der Hitze
Springen Bock und Ziegen.

Amor und die Venus,
Jeder süß erschauert:
»Mutter, seit heut morgen
Hab' ich zugemauert.

Merken tat's nicht Einer,
Brachte ihnen Essen, –
Wundern tut sich Keiner.«

Wirklich war der Eingang
Vor dem Grab geschlossen

Mit antiken Krügen
Und mit Broten, großen.

Wein war in den Krügen.
Braut und Bräut'gam tranken
D'raus in tiefen Zügen,

Aßen auch vom Brote.
Venus lacht im Stillen.
»Die«, spricht sie, »sind Götter,
Haben ihren Willen.

So war auch die Erde
In den Adamstagen
Sorglos von Gebärde.«

»Traulich ist o, Freundin,«
Flüstert eine Stimme,
»Des Idylles Frieden, –
Pracht doch hat auchs Schlimme.

Mit Verstand genossen
Sind schön Gut und Böse,
Selbst wenn Blut geflossen.«

Und die Stimme malte
Blutrot aus dem Blauen
Jenes Burschen Jugend. –
Venus sieht mit Grauen

Mord an seinen Händen
Und die Lust der Mutter,
Lust einst seinen Lenden.

Sieht das große Wehe,
Das wie's Gute waltet,
Und aus Schmerz und Tragik
Schönheit sich gestaltet.

Sieht blutschändend küssen
Sohn und Mutter beide,
Weil die Herzen müssen.

»Teufel«, sprach die Venus,
»Bist mir nachgeschlichen!«
»Göttin,« sprach der Teufel,
»Ich bin nie gewichen.

Bin im Geist daneben.
Wo uns eint Int'resse,
Kann mich nicht fortheben.«

Venus rief: »Vor allem
Bist Du Mann der Männer!
Und als Frau bewundre
Ich den Lebenskenner.

Stets sind Energien
Eine Lust dem Weibe, –
Drum sei Dir verziehen!«

Achter Reim

Venusinens Besuch bei Sankt Peter auf dem Peterstuhl

Mit dem Zwölfuhrschusse,
Bei dem schönsten Wetter,
Trat die Venusine
Ein bei dem Sankt Peter.

Herrlich sind die Hallen,
Und der schlimmsten Heidin
Mußten sie gefallen.

Manche Marmorfließe,
Manche von den Säulen
Kannte Venus wieder
Und verbiß das Heulen.

Vieles, was da schmückte,
Kam von alten Tempeln,
Wo man ihr sich bückte.

»Möcht' heut keinen Tempel.
Menschen, wenn auch beten,
Gutes und auch Böses
Sie doch immer täten.

Aber schöne Hallen,
Wo man sich ergötzet,
Das tat mir gefallen!

»Guten Morgen Peter!«
Zu dem Bronzebilde
Nickte Venusine.
Peter dankte milde,

Bat sie Platz zu nehmen
Neben ihm im Stuhle,
Auf dem Unbequemen.

»Sitz hier schon zu lange,«
Sprach der alte Peter,
Sprach gleich von Geschäften
Und nicht erst vom Wetter.

»Keiner will mehr glauben,
Nicht an Höll' und Himmel,
Zeit tut's jedem rauben.

Sag mir Venusine:
Hast Dich nicht verändert!
Auch die Augenlider
Sind wie stets berändert.

Hast Du wen gefunden,
Der in Rom Dich liebte,
Wenn auch nur für Stunden?«

Venusin errötet:
»Lieber Indiskreter,
Alles mußt Du wissen,
Beichten soll ich Peter?

Selten fand ich Leute,
Die ich lieber küßte,
Als den Teufel heute.«

»Weit soll nicht der Himmel
Von der Hölle liegen!
Darum, Venusine,
Sollst 'nen Kuß Du kriegen.

Darf ich mir erlauben?«
Eh' noch Venus hörte,
Tat Sankt Peter rauben.

Venus lacht und plaudert:
»Was ich fragen wollte:
Wie geht's Magdalena,
Die bereuen sollte?

Immer wollt ich wissen:
Tat sie Deinen Herren
Damals niemals küssen?«

»Geh, schwätz nicht Nusine,
Lene wollt' schon gerne.
Doch der Herr, verstehe,
Hielt sich Weiber ferne.«

»Doch«, rief Venusine
»Lazarusens Schwester
Hegte für ihn Minne!

Küßt' er nie Maria,
Die kein Kochtopf quälte,
Und von beiden Schwestern
S'beste sagt man, wählte?

Wenn sie ihn nicht küßte,
Wo wohl dann das *beste* Sie da finden müßte?

Und Pilatus' Gattin?
Nachts sie von ihm träumte.
Wenn er die nicht küßte,
Bestes er versäumte.

Hat ans Kreuz er müssen,
Weil er niemals liebte
Und kein Weib wollt' küssen?«

»Du fragst wie die Heiden,
Heute fragt so Keiner.
Nur ich Dich verstehe,
War ja selbst mal Einer.«

Also plaudert Peter.
Lenkt dann das Gespräche
Endlich jetzt aufs Wetter.

»War der Himmel freundlich
Auf der Hierherreise?
Kamst du mit dem Auto
Oder D-Zugsweise?

Sag, wie ist das, sage:
Schlafen nie die Bahnen?
Fährt man Nacht und Tage?

Und noch Eines höre:
Weißt Du, die Sibylle,
Die einst einem Kaiser
Heimlich und in Stille

Ferne Zukunft sagte,
Diese Zeit wie heute
Ihm zu schildern wagte,

Meinte: wenn die Menschen
In die Ferne sprechen,
Durch die großen Alpen
Große Löcher brechen,

Und dann auf der Erde
Wagen einfach laufen,
Wagen ohne Pferde, –

Dann kehrt auch die Wollust
Zum Olympe wieder,
Und die Kreuze fallen
Von den Kirchen nieder.

Sag mir«, zittert Peter,
»Stehen so die Dinge?
Ist es solches Wetter?« –

Venusin nicht gerne
Greise bange machte,
Sprang vom Stuhl herunter,
Guckt' hinauf und lachte.

Rief: »Ich möcht vergehen!
Find's so furchtbar komisch,
Küßt man Deine Zehen!

Kam da just ein Mönchherr,
Sah uns beide plaudern,
Ist zum Papst gelaufen,
Sagt's ihm unter Schaudern.

Darum will ich gehen,
Will Dich nicht blamieren.
Peter, Wiedersehen!«

Venus wirft 'ne Kußhand,
Lief zur Ledertüre;
Dankte laut im Freien,
Daß sie Freiluft spüre.

Sprang mit einem Satze
Tief in die Fontäne
Auf dem Petersplatze.

Neunter Reim

Venusinens Besuch und Ohnmacht in der Sixtina

»Muß noch zur Sixtina,«
Rief die Venus eilig.
»Diese ist besonders
Meinem Herzen heilig.

Hörte: es vergehen
Dort die Christusbilder,
Die schon lang bestehen.

Angelo, der Meister,
Er kehrt niemals wieder,
Und vor seinen Werken
Knie auch ich gern nieder,

Lieb ihn, den das Nackte,
Mächtig wie die Götter,
Stets von Grund aus packte.

Tat heut Nacht ersuchen
Meinen Signor Teufel:
›Reparier' Sixtina!‹
Doch er hegte Zweifel.

Will mir's selbst ansehen,
Ob er nachgeholfen.
Etwas muß geschehen!«

Zu dem Vatikane
Mit besorgter Miene
Eilte kunstverständig
Schleunigst Venusine

Durch die Schweizer Wachen,
Die der schönsten Dame
Liebeszeichen machen.

Sie ersteigt die Treppen.
Im Entré voll Farben
Standen bleiche Leute,
Bleich, als ob sie starben,

Kopfschütteln die Köpfe,
Schienen zu ersticken,
Kriegten beinah Kröpfe.

Da kam auch der Teufel
Venus schon entgegen.
Bat: »Geh nicht mehr weiter
Der Sixtina wegen!«

War im Reiserocke
Wie ein Opernsänger,
In der Stirn die Locke.

Venus voll Erstaunen
Fragt: »Was ist geschehen?
Daß die Leut wie Leichen
Hier im Vorsaal stehen?«

Teufel konnt nicht sprechen.
Venus kurz entschlossen
Mußte Bahn sich brechen.

Greift der Türe Klinke,
Steht in der Kapelle.
Plötzlich sinkt sie nieder
Ohnmächtig zur Schwelle.

»Teufel,« ruft der Teufel,
»Ich werd's reparieren!
Das ist ohne Zweifel.«

Leer in der Kapelle
Waren alle Flächen.
Leere öde Mauern –
S'war zum Herzzerbrechen.

Staub lag auf den Fliesen
Gleich, als hab ein Beben
Alles umgeschmissen.

»Venus,« bat der Teufel
Kläglich in der Miene.
Führt sie fast gebrochen
Fort aus der Sixtine.

Hat sie fortgeschoben,
Hieß sie niedersitzen
Erst in der Garderoben.

»Laß mich hier erzählen,
Und Du sollst Dich fassen,«
Bat auf Knie'n der Teufel.
»Als ich Dich verlassen

Heut im Morgengrauen,
Lief ich nicht gleich weiter
Zu den andern Frauen.

Eilte zur Sixtina –
Eifersucht macht Schmerzen,
Wollte nicht, daß Deine
Augen Bilder herzen,

Jenen großen nackten
Menschensohn im Bilde, –
Qualen mich zerhackten.

Jenen da, der richtend
Aus den Wolken rannte,

Böses und auch Gutes
Viel zu ernst erkannte.

Jenen Sohn der Nöte
Dacht ich zu zerstören,
Wenn ich Kraft aufböte.

Tret' in die Sixtina,
Unter tiefstem Schauer,
Öffne nicht die Lippe,
Starre nur zur Mauer

Denkend: wie so mächtig
Venusin mich machte!
Und war ganz andächtig.

Mußte niederknieen,
Nicht vorm Kirchenbilde, –
Vor dem Blut im Herzen,
Das heut Nacht mich stillte,

Vor den kurzen Stunden,
Da wir nichts mehr wußten
Und uns nackt gefunden.

Plötzlich war's wie Seufzen,
Das sich um mich windet:
Von den Bilderwänden
Fällt die Farb' und schwindet.

Alles, was die Mauer
Hielt, stob in die Winde,
Der Jahrhundert Dauer.«

Venusine staunte
Und war fast beklommen,
Daß der Teufel solche
Lieb für sie bekommen.

Dankte ihm; indessen
Blieb sie doch inwendig
Etwas abgemessen.

Dachte: War des Menschen
Sohn nicht doch am Ende
Schöner als der Teufel
An Sixtinas' Wände,

Weil der Teufel wollte,
Daß ich den nicht sehen
Und nicht lieben sollte?«

»Ja, so sind die Frauen,«
Rief gereizt der Teufel,
»Sehen Angebote
Immer an mit Zweifel.

Lieber sind sie Diebe,
Als daß sie die Treue
Schätzen in der Liebe.

Bin nicht stets der Böse,
Du nicht stets die Gute.
Heut in nächtger Stunde
Mischten wir zwei Blute.

Fühl mich jetzt wie aller
Schöpfung frohe Wesen
Und doch nicht banaler.

Will an leere Wände
Dir jetzt Christus malen,
Leiden auch die Hände
Drüber Folterqualen.

Sollt's Ideal mal sehen,
Herrin Venusine,
Nackt bis an die Zehen.«

Seine Stimme hallte
Donnernd aus dem Blauen.
Christus den Asketen
Schildert er mit Grauen.

Venus wehrt mit Händen,
Weil die Lust des Blutes
Schmerz wird ihren Lenden.

Doch er malt ohn' Gnade,
Malt mit klaren Zügen
Teuflisch 'ne Ballade,
Schildert ohne Lügen;

Schildert den Rivalen,
Und sogar die Wahrheit
Macht ihm heut nicht Qualen.

Venusin erschrocken,
S' fing ihr Haar fast Flammen,
Flüchtet in der Erde
Herz und kriecht zusammen.

Ist voll Angst entwichen,
Und der Teufel hat sich
Stolz den Bart gestrichen.

Horcht jetzt was er sagte!
Teuflisch war's ersonnen.
Nur ein Gott so wagte
Götter zu entthronen.

Venus zu gewinnen,
Sprach sich selbst der Teufel
Heute ganz von Sinnen:

Zehnter Reim

Die Teufelsballade vom Teufel ausgesonnen, um Venusine zurückzugewinnen

»Am dritten Morgen nach Christi Tod
Boten zwei Frauen im Garten
Einander den ersten Morgengruß:
Maria, die Schwester des Lazarus,
Und Magdalen, die viel geliebt,
Der Christus den Ehebruch vergibt.

Die Frauen reichten sich stumm die Hand.
Sie hatten nie einander gesehn,
Doch Zwei, die zum selben Grabe gehn,
Die werden schnell einander verwandt.

Maria erschien mir wie eine Braut,
Die Liebe auf den Sternen sucht,
Doch ihres Blutes Wärme mißtraut.

Ich fragte die Frauen: »Ihr wollt zum Grab?
Ich komme und wälze den Stein Euch ab.«
Sie dankten sich neigend. Wir gingen zur Gruft.
Der Garten ward süß von Hochzeitsluft.
Die Blumen erkannten Magdalen schnell,
Und die Bäume wurden wie Fackeln hell.

Und Rosen waren wie Kohlenglut,
Nie habe ich Rosen so rot gesehn. –
Doch plötzlich fühlt ich nicht mehr mein Blut,
Und still war's, als sollte ein Wunder geschehen.

Ich sah, wie Maria zum Rosenstrauch kam,
Einen Dornenzweig, der sie am Kleide nahm.
Sie schrie, wie ein Mensch im Schlaf aufschreit, –
Ihre Augen die höhlten sich tief und weit.

Sie rief die Rosen wie Leute an:
»Ihr wißt es alle, kommt nur heran!

Sein Blut erwürgt' ich, ich elendes Weib.
Kein Herz, eine Eule hab ich im Leib.

Statt ihm die Lippen zum Kuß zu geben,
Statt die Stunden in seinem Arm zu leben,
Nahm ich zum Buhlen einen eisigen Wahn –
Ich stachelte Christus zum Sterben an.

Ich saß in der Tür und wir sprachen von Gott –
O, wie schien mir sein Mund wie die Herdflamme rot!–
Ich saß in der Tür und ich lud ihn nicht ein,
Ich machte meine Brüste zu Türmen aus Stein.

Meine Arme lagen mir tot in dem Schoß,
Mit Gedanken umschlang ich ihn kalt und groß.
Nie lief mein Herz mit mir davon,
Ich nannt ihn statt Liebster mein – Gottes Sohn«.

Maria fiel zu den Rosen hin:
»O, fühlt, rief sie weinend, wie kalt ich bin!
O, Rosen gebt mir mein Mädchenblut!
Wie weh euer Rot meinen Augen tut!
Ich hab meinen Gott zum Leichnam gemacht, –
Der Tod schläft bei mir nun jede Nacht.«

Maria weint und der Garten wird laut.
Magdalena kniet bei ihr: »Sei still seltne Braut!
O, Tröste Dich schnell, er wollte kein Weib,
Hatte Zeit nie zum süßesten Zeitvertreib.
Dein Kuß hätt ihm nicht den Tod genommen,
Durch mich ist der Tod über Christus gekommen.

Längst erwählte mein Blut sich den kühlen Mann
Und schlich sich begehrend an ihn heran.
Ich sagte, ich wollte die Sünden büßen –
In Wahrheit trieb es mich ihn zu küssen.

Ich verkaufte Schmuck und mein bestes Gewand,
Nur daß ich die teuerste Narde erstand.
Den Geliebten zu salben, trat ich ins Haus, –
Mit Fluch in den Zähnen sprang ich hinaus.

Ich drängte mich ein in der Gäste Schar
Und öffnete weit mein prunkendes Haar.
Schön war ich, daß ich mich Keinem mehr gönnte,
Nur ihm den die keuscheste Kühle krönte.

Den Fuß ihm zu küssen, der schlank und weiß –
Wie eine Hand war der Fuß, – ich sehnte mich heiß,
Ich küßte ihn auch – teuflischer Genuß!
Ich fluche noch jetzt diesem eisigen Fuß.

Ich rieb seine Knöchel mit meinem Haar
Und küßte ihn drunter mit einer Schar
Von Küssen, jeder ein Liebesdorn –
O, noch in Erinnerung schüttelt mich Zorn!

Der Fuß stand still, wie einer Schale Gestell,
Und Christus' Stimme sprach deutlich und hell:
»Weib, Deine Sünden sie seien vergeben,
Da Du viel geliebt in Deinem Leben!«

Ich schlug mein Haar zurück, hob mein Haupt:
»Wer hat es Dir, der nie liebte, erlaubt
Zu künden, daß ich Sünderin bin?
Ich bin Weib, Du aber warst niemals Mann! «
Ich klag' Dich der größten der Sünden an!
Du tötest das göttlichste seligste Gut,
Du würgst das Verlangen im Fleisch und Blut.«

Mein Blick, der sagt' es ihm Wort bei Wort,
Ich selber schwieg und ging bitter fort.

Und später, da rief ich: »Kreuziget ihn!
Verächter der Frauen, Dir wird niemals verziehn!«

Doch heute da komm' ich aus Neugier her,
Er will auferstehen am Dritten, so sagte er.«

Die Andere zuckt, wie von Feuer getroffen,
Sie zeigt in den Garten – das Grab steht offen.

Beim Eingang der Gruft liegt eine Gestalt.
Sie eilen und finden ein lächelnd Gesicht,
Eine Frau, die stirbt, und die Hand ist schon kalt.

Als ob von den Bäumen die Blätter schweben,
So legte sie Worte hin mit fliehendem Leben.
»Meinem Herz, meinen Augen ist wohl geschehen!
Ich sah Dich neulebend Geliebter gehen!
Dein Mund war Freude im Morgenrot,
Die Freude gibt mir den köstlichsten Tod!«

Die Frau lächelt heimlich, als würde sie wach
Und sieht den Wolken am Himmel nach.

Eine Alte tritt klagend nah zu uns hin –
Die Mutter vielleicht, vielleicht Dienerin,

Spricht: »Schaut, sie hat Nächte betend durchwacht,
Ihr zärtlich Herz hat ein Wunder vollbracht!
Sie ist des Pontius Pilatus Weib
Und tötet aus Liebe zu Christus den Leib.

Zur Zeit, da Christus gefangen lag,
Bat sie um Gnade Nacht und Tag.
Pilatus fragt endlich: »Liebst Du ihn?« | –
Und gab dann Christus dem Henker hin.

Sie hat ihn noch einmal im Traum gesehn
Und tot dann und schwor, er soll auferstehn.

Sie rief zu dem Gott der Leben gibt:
›O, Gott erhöre dies Blut das liebt!
Dem Toten gib Atem und mir seinen Tod!

Es mache mein Herz seinen Mund wieder rot.
Halt' mir im Auge das Lachen ein,
Und leg es ihm in die Hände hinein!
Es schein' meine Jugend aus seinen Wangen!
Und ist ihm das Grab wieder aufgegangen,
Und fragt er, wer ihn so eifrig liebt,
So sagt: eine Magd, wie es Tausend gibt:‹

Und heut in der Nacht, da geschah ein Schlag,
Sie, die noch jammernd am Estrich lag,
Sie lacht unter Tränen: ›Mein Herz hat's getan!
Es öffnet das Grab dem geliebten Mann.‹

Zugleich war im Hof ein großes Geschrei,
Man rief, daß Christus erstanden sei.
Ich hielt die Tür bis der Lärm verlief.
Dann eilten wir hin, sie suchte, sie rief,
Hob sich auf die Zehen, als habe sie Flügel. –
Die Sonne ging auf dort hinter dem Hügel . . .«

Die Alte stottert, Schmerz stürzt ins Gesicht,
Schmerz, der ihr die Stimme aufschluchzend zerbricht.

Die Sterbende lächelt und hebt ihren Arm –
Noch einmal werden die Lippen ihr warm.
Sie spricht von der Lieb und dem Tod berauscht,
Als ob sie Gespräche mit Wolken tauscht:

»Einmal da hab ich im Traum Dich gesehn
Und wollte nicht mehr aus dem Traume gehn.
Im Haus war es schwül. Unterm Epheubaum
Da schlief ich und fand Dich Geliebten im Traum.

Wir tanzten zärtlich im Wiesengrund
Und ruhten in einem reichen Gezelt.
Die Herzen pochten uns Mund auf Mund,
Nur allein die Liebe war auf der Welt ...

Es kam Dein Bild, wie der Mond an die Wand
Gab Küsse und Lächeln und Frieden und schwand.«
Der Tod tritt dunkelnd zur Sterbenden hin:
»Wird es Abend?« fragt sie, »wie glücklich ich bin.«

Magdalen' und Maria verbergens Gesicht.
Ich weiß nicht mehr, welche zur Toten spricht:
»Du wußtest wie selig es ist zu leben!
Du einziges Weib hast Liebe gegeben.

Doch wen nur Gedanken asketisch lenken,
Der muß die Venus im Fleische kränken.
Denn Herzen dürfen nur zu zwein
Ins große Paradies hinein.« –

»Seht«, sprach ich darauf mit festlichem Blick,
Und ich warf mein Haupt wie ein Gott ins Genick,
»Er, der die Seele allein nur pries,
Verscherzt' wie der Teufel ein Paradies.«

Elfter Reim

Venusine flüchtet vor des Teufels Logik. Die Mutter Gottes von Würzburg überlistet den Teufel

In der Mainstadt Würzburg
An der alten Brücken
Brechen sich die Schollen,
Winter geht in Stücken.

Föhnwind gurgelt mächtig,
Kommt vom Süden taumelnd
Und ist frühlingsträchtig.

Und die Schollen hüpfen
Keck gleich jungen Böcken,
Brechen sich die Stirnen
An den Brückenstöcken.

In das Chaos schauend
Steht am Fluß der Teufel,
Seinen Spitzbart krauend.

Vom Marienberge
Glänzt die Christusmutter
Ganz aus purem Golde,
Gold auch's Kleiderfutter.

Und der Teufel fragte
Blank mit seinen Augen,
Bis sie etwas sagte.

»Teufel, Deine Rede,
Fern in Romas Mauern,
Mußt Du jetzt zeitlebens
Trübselig bedauern.

Recht doch muß ich geben,
Meldest Du von Christus –
Weiblos war sein Leben.

Ich, die Mutter, selber
Wünsche ungeschehen
Seinen Tod am Kreuze,
Möcht beweibt ihn sehen.

Als Familienvater
Würd' ers Leben nehmen
Mehr im Herzenskrater.

Doch mich dauert, Teufel,
Deine Logikrede!
Jetzt liegst Du mit Venus
Ewig in der Fehde.

Gingst in eine Falle,
Stürztest, Dich zu heben,
Frauenideale.

Denn für Christus hatte
Venus selber Schwächen.
Wenn sie leicht auch höhnte,
Ganz mocht sie nie brechen.

Wie Schirokko brannte
Ihr das Herz vor Trauer,
Daß sie sturmstreichs rannte,

Rannte über Alpen,
Über Nebel, Flüsse,
Und ein Eisenschimmel
Lieh ihr seine Füße,

Der nach Rom sie brachte,
Einst aus Mailand flüchtend,
Den zum Mensch sie machte.

Dieser wünschte lieber
Wieder Gaul zu werden.
Zu prosaisch, sagt er,
Sei's als Mensch auf Erden.

Und mit Gönnermiene
Schenkte ihm sein Pferdstum
Wieder Venusine.

Würdest Du Dich töten,«
Sprach noch Christus' Mutter,
»Teufel, dann war Venus
Mild wie süße Butter.

Denn vom Ideale
Denkt man, wenn es tot ist,
Besser alle Male.«

Also sprach sie weise,
Listig wie nur Frauen.
Ihrem goldenen Munde
War nicht recht zu trauen,

Denn sie hat geschworen
An dem Teufel Rache
Und hält's unverfroren,

Weil von Rom zum Maine
Teufels Hochmut schallte,
Der den Sohn ihr schmähte,
Daß das Weltall hallte.

Logisch fand sie's richtig,
Aber laut zu schimpfen
War vom Teufel nichtig,

Teufel horcht verzweifelt
Auf des Föhnwinds Rütteln,

Möchte alle Berge
Gleich dem Föhnwind schütteln.

Muß zu Tod sich lauschen,
Hört auf Schritt und Tritten
Venusröcke rauschen.

Prunkend steht Maria
Stolz aus Gold am Dache
Vom Marienburgschlosse,
Glühend wie die Rache.

Teufel schließt die Augen:
»Immer bleibt's dasselbe,
Teufel nie was taugen.«

Teufel ganz geläutert
Von dem großen Schlage
Kauft sich eine Säge.
Was ihm Lebensfrage,

Jenen Schmuck am Hirne,
Sägt er ab, die Hörner,
Seinen Trotz der Stirne.

Als der Schwalben Liebe
Nester baut vom Drecke,
Stand der Teufel immer
Noch am selben Flecke.

In dem Frühlingswerben
Stand er lieblos einsam,
Will wie Christus sterben.

Zum Vierröhrenbrunnen,
Als sein Stolz geschwunden,
Kam zum Café Hirschen,
Er, der sich geschunden.

Mischt sich unter Bauern,
Die dort Ausspann halten,
Dort wo Juden lauern.

Mietet sich drei Alte,
Die für Geld was wagen.
Sagt: »Ihr müßt ans Kreuzholz
Mich noch heute schlagen.

Könnt' die Welt erlösen,
Wenn ihr solches tuet,
Heut von allem Bösen.«

Doch die Juden maulten,
Nahmens Geld und dankten.
An das Kreuz ihn schlagen,
Das zu tun sie schwankten.

Krümmten ihre Glieder,
Schlichen um die Ecken,
Kamen nicht mehr wieder.

Mitleidloser aber
Zeigten sich die Bauern.
Sie tat nicht der Teufel,
Nicht das Böse dauern.

Wolltens Geld kaum haben,
Nur am Todesanblick
Sich belustigt laben.

Bauern dann, am Abend,
Nageln mit Behagen
An das Kreuz den Bösen
In den Stadtanlagen.

Bei der Frankenwarte
Auf dem Niklausberge
Ragt er als Standarte.

Spät saß ich am Fenster.
Flöße, blank aus Stämmen,
Zogen hin im Maine.
Und zum Fluß zur Schwemmen

Ritt auf einem Pferde
Venus, schleppt den Teufel. –
Dunkel war die Erde.

Feurig floß das Wasser
Durch die Abendgluten,
Und den Teufel sah ich
Aus fünf Wunden bluten.

Venus hielt im Arme
Ihn, den Schwerenöter,
Und schien bleich vom Harme.

Venus wusch am Flusse
Seine wilden Wunden,
Hat mit ihren Händen
Ihm sein Herz verbunden.

Doch auch Götter enden. –
Teufel starb der Venus
Unter ihren Händen.

Venus spricht zum Toten:
»Hast mich viel umworben.
Doch Dein Christuswerden
Hat den Spaß verdorben.

War Dir noch gewogen,
Als Du Hörner hattest
Und hast flott gelogen.

Werd' Dich wiedersehen,
Da Du jetzt gestorben,

In dem Himmel droben
Fad und unverdorben.«

Und ihr Pferd, das rannte
Mit ihr in die Wolken,
Fort ins Unbekannte.

Und des Teufels Leiche
Lag auf einem Floße,
Schwamm hinein ins Dunkel,
In die Nacht, die große.

Eine Amsel gluckte
Unter meinem Fenster,
Wo ich Tränen schluckte.

Zwölfter Reim

Venusine thront im Himmel, wo sie Jüngstes Gericht hält und den Liebesdichter Dauthendey an ihre rechte Seite setzt

Brennend brannte Sonne
Auf die Weinbergmauern,
Selbst die Steine konnten
Einem schwitzend dauern.

In dem juliblauen
Himmel standen Wolken
Weißgedeckt zu schauen,

Weißgedeckt wie Tische,
Die auf Gäste warten.
Dauthendey, der Dichter,
Sah's von seinem Garten.

Nahm vom Stall den Schimmel,
Den er täglich reitet,
Sprengte in den Himmel.

Sah der Erde Väter
An den Tischen schmausen,
Aßen, tranken, lachten
Ohne lange Pausen.

Biblische Gesichter
Grüßten ihn gar höflich,
Ihn, der Liebe Dichter.

Venusine selber,
Frei von Kleid und Schleppe,
Rannte ihm entgegen
An der blauen Treppe.

Fiel ihm in die Arme,
Lacht mit vollen Backen
Frei von Trän' und Harme.

»Über Deinem Garten
Deckten wir die Tische.
Alle Speisen warten,
Suppe, Omelett', Fische,

Kaviar und Kapaunen.
Und die Musikanten
Rufen mit Posaunen.

Siehst Du Adam, Moses,
Abraham und Aron?
Siehst Du Homer, Dante,
Goethe und auch Charon?

Heut ist »Jüngst's Gerichte«.
Deshalb kommt man nämlich, –
Flott wird die Geschichte.

Seit der Teufel neulich
Schnell aus Lieb gestorben,
Hat er samt der Hölle
S' Himmelreich erworben.

Himmlisches Gelichter,
Platz«, ruft Venusine,
»Platz für meinen Dichter!«

Dauthendey muß sitzen
Ihr zur rechten Seite,
Er, der schon sein Lebtag
Um die Venus freite.

Teufel sitzt zur Linken.
Venus, Teufel, Dichter
Dutzen sich und trinken.

Venusine drückte
Unterm Tisch die Zehen
Beiden von den Gästen –
Liebe mußt' entstehen.

Lange konnt's nicht dauern,
Ward die Luft zu enge
Selbst in Himmelsmauern.

Teufel eifersüchtig
Ließ sich gar nichts merken.
Dauthendey, erstickend,
Mußt' am Wein sich stärken.

Die vom Testamente,
Von dem alt und neuen,
Sagten: »Prost Entente!«

Venusin verlegen
Küßte ihren Dichter.
Teufel lachte vorne,
Hinten schnitt er G'sichter.

»Bin ich nicht gestorben
Jüngst erst Dir zu Liebe
Und jetzt unverdorben?«

Also fragte leise
Teufel Venusine.
Diese aber teuflisch
Lacht mit Himmelsmiene:

»Unter uns gesprochen
Hast Du einst nach Schwefel
Besser mir gerochen.

Teufel, warst mir lieber,
Wie Du noch am Leben

Wilder als ein Wilder,
Die nicht Gnade geben.

Heute hier im Himmel
Lieb ich mehr den Dichter,
Mehr selbst seinen Schimmel.«

Zornig ward der Teufel
Über alle Maßen.
Wollte gerne wettern,
Aber selbst das Hassen,

Das ihm gut gestanden
Unten in der Hölle,
Kam ihm jetzt abhanden.

Gütig war der Böse
Gar nicht zu erkennen,
Ängstlich von der Tafel
Tat er weiterrennen,

Ängstlich aus dem Saale
Fort von allen Guten,
Fort vom Liebesmahle.

An der blauen Treppe
Stand des Dichters Schimmel.
Diesen stiehlt der Teufel,
Reitet aus dem Himmel.

Seine Wege münden
Wieder auf die Erde,
Will dort Höllen gründen.

Und dort wird er Zensor,
Der den Dichter bindet,
Kritikus daneben,
Der die Haut ihm schindet.

Bis er davon müde,
In dem Reichstag sitzet
Und plaidiert fürs Prüde.

Aber alle Leiden,
Die der Teufel dichtet,
Nicht dem Menschen schaden,
Der zur Venus flüchtet.

Venus wird erlösen
Alle ihre Dichter
Von den Prüden, Bösen.

Venus hat den Vorsitz
An den Himmelstischen,
Tut auch ihrem Liebling
Selbst den Mund abwischen.

Gar nichts muß er müssen,
Läßt den Teufel fluchen,
Darf die Venus küssen.

Kommt man in den Himmel,
Fragt Dich ins Gesichte
Venusin, als Richter
Von dem Weltgerichte:

»Tat Dein Blut auch lieben
Echt und ohne Logik?
Dann wird dageblieben.

Hast Du's nicht gelernet,
Dann nochmals auf Erden
Mußt zum echten lieben
Du geboren werden.

Dann zurück zur Erde,
Lerne Feuer fangen,
Wie die Dichterpferde!

Feurig ohn' Gedanke
Nimm Unmöglichkeiten!
Herzen sattelfester
Als Gehirne reiten.

Nicht mit Kritik-Miene
Schau aufs Ideale,
Sonst flieht Venusine.«

Lebt jetzt wohl ihr Menschen,
Die ihr dies gelesen!
Ist euch manches fettig
Und zu fett gewesen,

Schleckt euch eure Hände.
Von dem Venusreime
Ist jetzt dies das Ende.

Über tredition

Eigenes Buch veröffentlichen

tredition wurde 2006 in Hamburg gegründet und hat seither mehrere tausend Buchtitel veröffentlicht. Autoren veröffentlichen in wenigen leichten Schritten gedruckte Bücher, e-Books und audio-Books. tredition hat das Ziel, die beste und fairste Veröffentlichungsmöglichkeit für Autoren zu bieten.

tredition wurde mit der Erkenntnis gegründet, dass nur etwa jedes 200. bei Verlagen eingereichte Manuskript veröffentlicht wird. Dabei hat jedes Buch seinen Markt, also seine Leser. tredition sorgt dafür, dass für jedes Buch die Leserschaft auch erreicht wird.

Im einzigartigen Literatur-Netzwerk von tredition bieten zahlreiche Literatur-Partner (das sind Lektoren, Übersetzer, Hörbuchsprecher und Illustratoren) ihre Dienstleistung an, um Manuskripte zu verbessern oder die Vielfalt zu erhöhen. Autoren vereinbaren direkt mit den Literatur-Partnern die Konditionen ihrer Zusammenarbeit und partizipieren gemeinsam am Erfolg des Buches.

Das gesamte Verlagsprogramm von tredition ist bei allen stationären Buchhandlungen und Online-Buchhändlern wie z. B. Amazon erhältlich. e-Books stehen bei den führenden Online-Portalen (z. B. iBookstore von Apple oder Kindle von Amazon) zum Verkauf.

Einfach leicht ein Buch veröffentlichen: **www.tredition.de**

Eigene Buchreihe oder eigenen Verlag gründen

Seit 2009 bietet tredition sein Verlagskonzept auch als sogenanntes "White-Label" an. Das bedeutet, dass andere Unternehmen, Institutionen und Personen risikofrei und unkompliziert selbst zum Herausgeber von Büchern und Buchreihen unter eigener Marke werden können. tredition übernimmt dabei das komplette Herstellungs- und Distributionsrisiko.

Zahlreiche Zeitschriften-, Zeitungs- und Buchverlage, Universitäten, Forschungseinrichtungen u.v.m. nutzen diese Dienstleistung von tredition, um unter eigener Marke ohne Risiko Bücher zu verlegen.

Alle Informationen im Internet: **www.tredition.de/fuer-verlage**

tredition wurde mit mehreren Innovationspreisen ausgezeichnet, u. a. mit dem Webfuture Award und dem Innovationspreis der Buch Digitale.

tredition ist Mitglied im Börsenverein des Deutschen Buchhandels.

Dieses Werk elektronisch lesen

Dieses Werk ist Teil der Gutenberg-DE Edition DVD. Diese enthält das komplette Archiv des Projekt Gutenberg-DE. Die DVD ist im Internet erhältlich auf **http://gutenbergshop.abc.de**

Zeitfracht Medien GmbH
Ferdinand-Jühlke-Straße 7
99095 Erfurt, Deutschland
produktsicherheit@kolibri360.de